Eine Weiterentwicklung der Uhrmacherkunst waren um die Jahrhundertwende die großen mechanischen Spielorgeln für Volksfeste und Unterhaltungsbetriebe, die in der Umgebung von Waldkirch gebaut wurden.

In Pforzheim hatte die badische Markgräfin Caroline Luise 1767 im Waisenhaus eine „Bijouterie-Unternehmung" eingerichtet, um elternlosen Jugendlichen eine Arbeit zu beschaffen. Damit gründete sie einen Gewerbezweig, der Pforzheim zur deutschen Gold- und Schmuckstadt machte. Ein weiteres Handwerk hat sich bis heute besonders im mittleren Schwarzwald in kleinstem Rahmen erhalten: das Stricken von Trachten, das Anfertigen von Bollenhüten und von Schäppeln, einem kronenähnlichen Kopfschmuck mit mehreren Hundert farbigen Perlen. Die alten Schwarzwälder Volkstrachten werden in einigen Gegenden immer noch an Sonn- und Feiertagen, zu Hochzeiten und kirchlichen Festen getragen.

Feste ganz besonderer Art sind die Wochen der schwäbisch-alemannischen Fasnet oder Fastnacht, die mit dem Rheinischen Karneval oder dem Münchner Fasching nur die Jahreszeit gemeinsam hat. Furcht erregende Gestalten ziehen mit farbenfrohen Masken und Schellenkleidern, dem so genannten „Häs", durch die Straßen und vertreiben die bösen Geister des Winters. Ein uralter Volksbrauch, der auf vorchristliche Wurzeln zurückgeht.

Baudenkmäler der herkömmlichen Art, Dome, Kirchen und Schlösser, findet man eher am Rande des Schwarzwalds. Zu diesen Kunstwerken gehören beispielsweise das Freiburger Münster, die Schlösser von Karlsruhe, Rastatt und Baden-Baden sowie mittelalterliche Stadtgründungen der Zähringer Grafen, die in Freiburg, Villingen, Kenzingen und anderen Orten, sowie im Kloster St. Peter ihre unübersehbaren Spuren hinterließen. Die kulturelle Erschließung des Schwarzwaldes begann z.B. mit den Klostergründungen St. Blasien mit der gewaltigen Kuppelkirche,

In Pforzheim yet another industry was founded in 1767 when the Duchess Caroline Luise set up a jewellery business in the local orphanage to occupy the children there. Thus began Pforzheim's history as the German centre for goldsmiths and jewellers. Finally, in the central regions of the Black Forest there is a small clothing industry that produces the embroidered traditional costumes, which are still worn at weddings and on high days and sundays.

In the Black Forest the Fasnet week is celebrated in the week before Ash Wednesday. It is a distant relation of the Rhineland Carnival or the Bavarian Fasching, though here tradition dictates that fearsome figures with brightly painted masks and costumes hung with tiny bells should leap through the town and drive out the evil spirits of winter. The custom almost certainly dates back to pre-Christian times.

The usual historical monuments, as one would expect, are rare in the Black Forest itself. Cathedrals, churches and castles are only to be found around the perimeter of the plateau: Freiburg cathedral, the places of Karlsruhe, Rastatt and Baden-Baden, medieval towns like Freiburg, Villingen and Kenzingen, all founded by the Zaehringer family. (Legend has it that the first Duke of Zaehringen started life as an enterprising charcoal burner in the depths of the forest.) Visitors to the forest will of course find the monasteries from which the first attempts to tame the wilderness came. Some are still standing, some are in ruins: St. Blasien with its enormous domed church, Hirsau, Klosterreichenbach, Alpirsbach, Herrenalb and Frauenalb, St Trudpert in Muenstertal. What were once simple forest villages have turned into little towns with photogenic market places, half-timbered houses galore, and authentically designed, wellkept Black Forest hotels and inns.

The tourist industry has also given the Black Forest an entirely new reputation for what is incontestably the best cuisine in the whole of Germany.

L´art horloger connut un développement au tournant du siècle. Aux alentours de Waldkirch, on commença à construire des orgues de Barbarie pour la musique de fêtes et célébrations populaires.

En 1767, la margravine badoise Caroline Louise créa une «entreprise de bijouterie» à l´orphelinat de Pforzheim dans le but de donner du travail aux enfants sans parents. Elle posait ainsi le premier échelon d´une industrie qui allait faire de Pforzheim le centre des métaux précieux et de la bijouterie allemande. Une autre forme d´artisanat s´est conservée jusqu´à nos jours dans la partie moyenne de la Forêt-Noire: la broderie sur les costumes régionaux et la confection de coiffes dont le curieux «Bollenhut» et le «Schaeppel», une coiffe en forme de couronne fabriquée avec des centaines de perles colorées. Dans certaines régions, l´ancien habit folklorique de la Forêt-Noire est encore porté le dimanche, aux jours de fête, aux mariages et aux célébrations religieuses.

Une fête très particulière est célébrée durant les semaines du carnaval souabe-alemanique qui n´a que la date en commun avec les réjouissances de Cologne ou de Munich. En Forêt-Noire, des silhouettes effrayantes, revêtues de masques colorés et d´habits recouverts de grelots, parcourent les rues pour chasser les mauvais esprits de l´hiver, obéissant ainsi à une coutume ancienne d´avant l´ère chrétienne.

Les monuments tels les cathédrales, églises et châteaux se dressent plutôt sur les bords qu´à l´intérieur de la région qui s´est ouverte très tard. Parmi les édifices historiques, citons la cathédrale de Fribourg, les châteaux de Karlsruhe, Rastatt et Baden-Baden ainsi que les fondations médiévales des Zaehringen qui ont laissé des traces inoubliables à Fribourg, Villingen, Kenzingen et autres endroits. Les noyaux de l´humanisation de sont le cloître St. Blasien avec son église surmontée d´un immense dôme et ceux d´Hirsau, Klosterreichenbach, Alpirsbach, Herrenalb et Frauenalb.

Hirsau, Klosterreichenbach, Alpirsbach, Herrenalb und Frauenalb oder St. Trudpert im Münstertal. Auch wurden aus vielen einst schlichten Ansiedlungen im letzten Jahrhundert schmucke Städtchen mit prachtvollen Marktplätzen, schönen Fachwerkhäusern und gepflegten landschaftstypischen Hotels und Gasthöfen.

Mit 23.000 Kilometer bezeichneter Wanderwege ist der Schwarzwald eines der am besten erschlossenen Waldgebiete Europas. Zu den schönsten und bekanntesten Wanderwegen Deutschlands gehört der Schwarzwald-Westweg über den Hauptkamm von Pforzheim bis Basel. Er berührt die höchsten Erhebungen: im Nordschwarzwald die Hornisgrinde (1164 m), im Südschwarzwald den Feldberg (1493m), außerdem eine ganze Reihe von Aussichtsbergen wie den 1414 m hohen Belchen. Immer wieder eröffnen sich dem Wanderer Panoramablicke zu den Vogesen jenseits der Rheinebene und zu den Alpen.

Auch für den Autofahrer steht der Schwarzwald offen: Ein halbes Dutzend Ferienstraßen führen zu den landschaftlich eindrucksvollsten Teilen. Der vor über 60 Jahren erbauten Schwarzwald-Hochstraße folgten neue Routen: die Schwarzwald-Tälerstraße, die Schwarzwald-Bäderstraße und die „Grüne Straße" Südschwarzwald-Bodensee. Im mittleren Schwarzwald erschließt die Schwarzwald-Panoramastraße besonders aussichtsreiche Höhen und am Rande des Waldgebirges führt die Badische Weinstraße durch Rebhänge und schmucke Dörfer von einer Weinlage und einer Weinstube zur anderen.

In the west and south-west, where the influence of France and Switzerland is near, there are innumerable recommended restaurants and hotels, which amongst them lay claim to more of the coveted stars and chef's hats than the rest of Germany's eating places put together.

The Black Forest has 14,375 miles of marked footpaths and as a hiking area can vie with any other region in Europe. One of the most attractive paths is the famous Westweg or western route, running along the ridge from Pforzheim to Basel. It crosses the highest parts of the forest, the Hornisgrinde in the north (3,783 ft.) and the Feldberg (4,860 ft.) in the south, as well as a number of excellent viewpoints like the Belchen (4,613 ft.) and offers panoramic views across the Rhine valley to the Vosges in the west.

Drivers also have half a dozen holiday routes to choose from. The Schwarzwald-Hochstrasse, or Black Forest Ridgeway, built fifty years ago, has been followed in recent years by others: the valley route, the spa route, the green route towards Lake Constance, the panorama route and the Baden wine route that passes the pleasantest vineyards and wine taverns that the area has to offer.

Les localités modestes du siècle dernier sont devenues d'agréables petites villes avec de magnifiques places de marché, de belles maisons à colombages et des auberges accueillantes.

En outre, avec ses 23 000 kilomètres de sentiers pédestres admirablement indiqués, la Forêt-Noire est un vrai paradis pour les randonneurs. Un des chemins les plus jolis et les mieux connus d'Allemagne est la Route-Ouest qui va de Pforzheim à Bâle. Elle touche les deux points culminants de la montagne: le Hornisgrinde (1164 m) dans la partie Sud et le Feldberg (1493 m) dans la partie Nord de la région. De plus, elle longe plusieurs belles montagnes comme le Belchen, haut de 1414 mètres. Tout au long du parcours, le randonneur peut apercevoir le panorama des Vosges qui se dressent au-delà de la plaine rhénane.

La Forêt-Noire est également une région d'ouverture pour l'automobiliste. Une douzaine de routes touristiques conduisent aux sites les plus impressionnants. A la Route de Crêtes, construite il y a 50 ans, se sont ajoutées ces dernières années la Route des Vallées, la Route des Thermes et la Route Verte qui relie le Sud de la Forêt-Noire au lac de Constance. Les routes panoramiques de la partie moyenne de la Forêt-Noire effectuent de beaux trajets à travers un paysage de montagne, tandis que la Route du Vin badoise traverse des versants recouverts de vignobles et des villages pittoresques où d'innombrables caves, chais et auberges invitent à la dégustation du vin.

KARLSRUHE, Schloss / Castle / Château

Aus einer Laune des badischen Markgrafen Karl Wilhelm entstand in den Wäldern vor dem Nordrand des Schwarzwaldes die Stadt Karlsruhe. 32 durch den Wald geschlagene Straßen laufen auf das Barockschloss zu, dessen Grundstein 1715 gelegt wurde und das einst so prachtvoll war wie sein Versailler Vorbild. – Die Stadt Ettlingen liegt am Übergang der Schwarzwaldberge in der Rheinebene. Im sorgfältig restaurierten Stadtkern befinden sich viele Barockbauten, darunter das Markgrafenschloss, das Rathaus und die Martinskirche, unter der sich Reste einer römischen Badanlage erhalten haben. Bekannt sind die jährlichen Schloss-Festspiele.

Karlsruhe (or Karl's Peace) was founded on a whim of Karl Wilhelm, Margrave of Baden. The foundation stone of the Baroque palace was laid in 1715 amidst the woodlands at the northern edge of the Black Forest. From the palace 32 roads fan out into the trees. There are various explanations of why the palace, modelled on Versailles and once just as magnificent, was so planned. Today this is the seat of the Federal Constitutional Court and the Federal Supreme Court. – The town of Ettlingen nestles up against the Black Forest mountains on the edge of the Rhine plain. In the carefully restored town centre is the markgrave castle, the city hall and the Martinskirche.

La ville de Karlsruhe, doit son existence à un caprice du margrave Charles Guillaume de Bade. 32 rues, tracées à travers la forêt, affectent la forme d'un éventail pour converger vers le château baroque dont la première pierre fut posée en 1715 et qui avait autrefois la même splendeur que son modèle Versailles. Aujourd'hui, c'est ici que siègent la Cour de cassation et la Cour constitutionnelle de la République fédérale. – La ville d'Ettlingen est située au col des montagnes de la Forêt Noire dans la plaine d'effondrement du Rhin. Le centre ville, soigneusement restauré, regroupe de nombreuses constructions baroques.

8 ETTLINGEN

Als Wahrzeichen Ettlingens erkennt man den Lauerturm mit der Zinnbekrönung, welcher auch im Stadtwappen verewigt ist. Zu den ältesten Gebäuden der Stadt zählt die St. Martinskirche. In ihrem Keller befinden sich Relikte eines römischen Badegebäudes, das um 200 nach Christus errichtet wurde. – Markgraf Ludwig Wilhelm von Baden, „Türkenlouis" genannt, erwählte Rastatt als neue Residenz und ließ sich 1697-1705 ein prächtiges Barockschloss bauen. Auch die Stadt erblühte in den Formen barocker Lebensfreude.

9 RASTATT, Schloss / Palace / Château

As landmark Ettlingens one recognizes the Lauerturm, which is perpetuated in the stadtwappen. Among the oldest buildings of the city the St Martinskirche rank. In its their cellar are Certifications of a Roman bath built around 200 after Christ were established. – When Ludwig Wilhelm of Baden, nicknamed 'Turkish Louis', returned from defending Vienna against the Turks, he chose Rastatt as the site of his new residence and built a superb Baroque place between 1697 and 1705, its architectural influence spread throughout the town.

Tal am Schliffkopf 10/11

Car la borne limite Ettlingens un identifie le Lauerturm, qui sont perpétués dans le manteau des bras de la ville. Parmi les bâtiments les plus anciens de la ville le grade de Saint Martinskirche, dans leur cave sont des certifications d'un bâtiment romain dc bain autour dc 200 après quc lc Christ aient été établis. – Le margrave Louis Guillaume de Bade, surnommé «Louis le Turc», choisit Rastatt comme résidence et y fit construire un magnifique château baroque (1697-1705). La ville s'épanouit alors dans l'esprit baroque.

Die Hochstraße im Nordschwarzwald

Einst war Baden-Baden weltberühmter Kurort und Treffpunkt der gekrönten Häupter aus ganz Europa. Noch heute strahlt das einstige Weltbad viel vom Flair der Belle Epoque aus. Im klassizistischen Kurhaus befindet sich das elegante Spielkasino, das als eines der schönsten der Welt gilt. – Beiderseits der Schwarzwald-Hochstraße rauschen muntere Bäche durch romantische Waldschluchten hinunter in die Täler, stürzen sich in Wasserfällen über Felsbarrieren und Felsbrocken. Einen besonders eindrucksvollen Wasserfall bildet der Gertelbach zwischen Bühlerhöhe und Bühlertal.

Baden-Baden used to be an international spa and meeting-place for the crowned heads of Europe. It still retains some of the atmosphere of the Belle Epoque. In the classical "Kurhaus" is the elegant casino, said to be one of the most beautiful in the world. – From both sides of the Black Forest Ridgeway boisterous streams cascade down the hillside through idyllic-tree-covered ravines, tumbling over stony barriers and through rocky glens to form waterfalls. One of the most impressive of these falls is on the Gertelbach between Buehlerhoehe and Buehlertal.

Baden-Baden était autrefois une station thermale réputée dans le monde entier et le rendez-vous de toutes les têtes couronnées d'Europe. La ville a encore conservé aujourd'hui un peu de cet esprit de la Belle Epoque. L'élégant casino, un des plus beaux du monde, se trouve dans l'établissement thermal de style classique. – De chaque côté de la Route des Crêtes, des torrents impétueux coulent au fond de gorges romantiques et cascadent vers les vallées sur des éboulis de rochers. La très jolie cascade du Gertelbach est située entre Buehlerhoehe et Buehlertal.

Ruine Ebersteinburg am Murgtal

Die Burgruine Ebersteinburg liegt 426 m hoch zwischen Murgtal und Oostal, östlich des Battert, einem beliebten Kletterterrain, und nördlich des Merkur, dem Hausberg Baden-Badens. Das Bergdorf Eberstein gehört seit 1972 zu Baden-Baden. Um 1100 n. Chr. waren die Grafen von Eberstein dort ansässig und errichteten eine Burg auf einer Bergkuppe, die dem dortigen Schlossberg nördlich vorgelagert ist. Hiervon sind heute nur noch der Bergfried und eine Schildmauer vorhanden. Das Dorf selbst liegt südlich dieser Burgruine Alt-Eberstein und ist als Luftkurort bekannt.

The ruins of Ebersteinburg Castle are located 426 metres up between the Murg and Oos valleys, to the east of the Battert, a popular climbing terrain, and north of the Merkur, Baden-Baden's local mountain. The mountain village became a part of the municipal district of Baden-Baden in 1972. The Counts of Eberstein were resident there in about the year 1100 and built a castle on a peak to the north of the castle hill. Only the keep and a section of wall remain. The village itself lies to the south and is renowned as a health spa.

La haute ruine d'Ebersteinburg s'élève à 426 m entre les vallées de la Murg et de l'Oos, à l'est du Battert, un éperon rocheux apprécié des amateurs d'escalade, et au nord du mont Merkur, près de Baden-Baden. La localité d'Eberstein fait partie de Baden-Baden depuis 1972. Vers 1100 après Jésus-Christ, les comtes d'Eberstein firent ériger un château sur une croupe montagneuse qui dominait la plaine. Il n'en reste aujourd'hui que le donjon et un mur d'enceinte. La petite ville d'Eberstein s'étend au sud des vestiges du château et est connue comme station climatique.

Prominentenhotel BÜHLERHÖHE an der Schwarzwald-Hochstraße / Black Forest Ridgeway / Route des Crêtes de la Forêt-Noire

Der schmiedeeiserne Adler über dem Hofportal des legendären Prominenten-Refugiums Bühlerhöhe hielt seit dem Bau um 1913 die unterschiedlichsten Hoheitszeichen in den Fängen: Schwarz-Weiß-Rot, Hakenkreuz, Trikolore. 1986 erstand der ehemalige Radio und Fernsehfabrikant Max Grundig die heruntergewirtschaftete Immobilie im nördlichen Hochschwarzwald und investierte 180 Millionen DM in dieses Anwesen. Die Anlage und die Aussicht sind dieselben geblieben: In fast 650 Meter Höhe eröffnet sich ein fantastischer Blick ins Rheintal zu den Vogesen.

The wrought-iron eagle above the portal of the legendary celebrity refuge, Buehlerhoehe, has held a whole range of national emblems in its talons since it was built in 1913: black, white and red, the swastika, the tricolor. In 1986 the former radio and TV manufacturer Max Grundig acquired the run-down property in the northern part of the Black Forest and invested 180 million marks in it. The location and the view have remained unchanged: From almost 650 metres up a fantastic panorama unfolds, with views across the Rhine plain as far as the Vosges.

L'aigle en fer battu couronnant le portail de la cour du légendaire hôtel de Buehlerhoehe, construit vers 1913 et où logèrent bien des célébrités, détint les plus divers emblèmes de souveraineté sous ses griffes: le drapeau noir, blanc, rouge, la croix gammée, le drapeau tricolore. En 1986, un ancien fabricant Max Grundig de postes de radio et de télévision acquit cette propriété immobilière, se trouvant à son déclin et située dans la haute Fôret Noire du Nord et investit 180 millions de Deutsche Marks dans cette propriété.

Mummelsee an der Hornisgrinde

In der letzten Eiszeit vor 12.000 bis 18.000 Jahren entstanden unterhalb des Bergmassivs Hornisgrinde kreisrunde Gletscherseen, auch Karseen genannt. Einer der bekanntesten ist der Mummelsee, direkt an der Schwarzwald-Hochstraße. Nach der Sage von Eduard Mörike treten in der nächtlichen Stille Nixen und Mümmlein ans Mondlicht und geheimnisvolle Wassernixen schrecken den einsamen Wanderer.

Mummelsee at the Hornisgrinde

The "Karseen", or corries, are round lakes of glacial origin, formed in the last ice age between 12,000 and 18,000 years ago underneath the mountain massif Hornisgrinde. One of the best-known is the Mummelsee on the Black Forest Ridgeway. A tale by Eduard Moerike describes the water nymphs who emerge from the depths of the lake to startle solitary.

Mummelsee dans le Hornisgrinde

Les glaciaires en forme de cuvette se formèrent durant la dernière glaciation au-dessous du massif de montagne Hornisgrinde il y a de 12 à 18000 années. Un des plus connus est le Mummelsee situé directement sur la Schwarzwald-Hochstrasse. D'après la fable d'Eduard Moerike, des ondines et autres esprits apparaissent au clair de lune dans la nuit paisible tandis que des sirènes mystérieuses effraient le promeneur solitaire.

◁ **Gertelbachschlucht / Bühler Tal**
Gertelbach Gorge in the Buehl valley
La gorge du Gertelbach / Vallée de Buehl

Kirschblüte in der Ortenau

Oberkirch wartet mit einer reizenden Fachwerkidylle auf, darüber ziehen sich die Weinberge hoch, und ganz oben steht stolz die Burgruine Schauenburg. Wenn die Kirsch- und Apfelbäume in Blüte stehen, erscheint einem Oberkirchs Umgebung wie ein üppiger, riesengroßer Garten. Ansonsten versteht man sich hier nicht nur auf den Wein, sondern auch aufs Essen: Spezialitäten sind Forellen und hausgeräucherter Speck, dazu wird Renchtäler Kirschwasser gereicht.

Brennerei für „Schwarzwälder Kirschwasser" in Oberkirch / Ortenau

Oberkirch is an idyllic little place with delightful timbered houses, vineyards rising up beyond and the ruins of Schauenburg Castle set proudly on top. When the cherry trees and apple trees are in blossom Oberkirch's surrounding area is like a vast, luxuriant garden. They don't just know a thing about wine round here, but about culinary delights, too. The specialities include trout and home-smoked bacon, served with Rench valley kirsch.

Oberkirch nous réserve un coup d'œil sur ses idylliques maisons à colombages remplies de charmes au-dessus desquelles se dressent les vignobles, ainsi qu'en altitude, la fière ruine du château Schauenburg. A la floraison des cerisiers et des pommiers, les environs d'Oberkirch ressemblent à un immense jardin exubérant. Les vins ne sont pas les seuls à faire la gloire de la Forêt Noire, les spécialités culinaires également telles que les truites au lard fumé maison, servies avec un kirsch de Renchtal.

OFFENBURG am Rande der Ortenau / on the edge of the ortenau / au bord de l`Ortenau

Im Jahr 1847 formulierten in Offenburg 900 Bürger die „Forderungen des Volks in Baden", das erste demokratische Programm Deutschlands. Seit 1947 wird deshalb regelmäßig ein Freiheitsfest gefeiert. Viele Gebäude, wie das Rathaus und der einstige Amtshof der Landesabtei stellen sich heute in barocker Pracht dar. Besonders stimmungsvoll der Fischmarkt mit dem Löwenbrunnen von 1599, umgeben von Fachwerkhäusern und dem historischen St.-Andreas-Hospital. Bedeutendstes Kunstdenkmal ist der Ölberg von 1524 an der Heilig-Kreuz-Kirche.

In 1847, 900 citizens of Offenburg formulated the "Demands of the People of Baden", the first democratic programme in Germany. To mark this event a Freedom Festival was inaugurated in 1947 and has been celebrated regularly ever since. There is a large number of fine baroque buildings. The fish market with the Lion Fountain of 1599, surrounded by timbered buildings and the historic Hospital of St. Andrew, has a special atmosphere all of its own. The Mount of Olives dating from 1524 in the Church of the Holy Ghost is the town's most precious art treasure.

En 1847, 900 citoyens d'Offenburg proposaient les «revendications du peuple en Bade», le premier programme démocratique en Allemagne. Depuis 1947, la fête de la Liberté commémore cette action. De nombreux édifices dont l'hôtel de ville et l'ancienne résidence du bailli présentent un style baroque somptueux. Au Fischmarkt (marché au poisson), on peut admirer la fontaine des lions de 1599, de belles maisons à pans de bois et l'hospice historique St-Andreas. Un trésor de la ville est le «Mont des Oliviers», oeuvre de 1524 que l'on peut admirer dans la Heilig-Kreuz-Kirche.

SCHLOSS ORTENBERG (13.-19. Jh.) - jetzt Jugendherberge in der Ortenau bei Offenburg / castle Ortenberg / château d' Ortenberg

Die Landschaft ist wie ein farbenüppiges Gemälde: dunkle Tannenwälder, die Wiesen des Rheintals, weite Flächen mit Obstbäumen. An den Hängen klettern Reben hoch, dann dunkle Bergketten, die sich machtvoll erheben. Hochmoore, tiefeingeschnittene Täler, Wasserfälle, Schluchten, Bäche und klare Forellenteiche – das ist die „Goldende Au" am Westhang des Nordschwarzwalds im Städtedreieck Baden-Baden, Offenburg und Freudenstadt. Die „Goldenen Au" ist Teil der Ortenau.

The countryside is like a colourful painting: dark coniferous forests, the meadows of the Rhine plain, extensive orchards with fruit trees, vineyards scaling the slopes, dark ranges of hills and mountains rising majestically from the plain. Moorland, deep valleys, waterfalls, gorges and streams, clear-water trout pools – that's what it looks like in the "Goldene Au" on the western slopes of the Black Forest in the triangle formed by Baden-Baden, Offenburg and Freudenstadt. The "Goldene Au" is part of what through the ages has come to be known as the Ortenau region.

Le paysage ressemble à un tableau à couleurs somptueuses: sapins sombres, vallées herbeuses du Rhin, vastes champs d'arbres fruitiers; vignoble souligné par des rangées de ceps, puis sombres chaînes de montagnes se dressant majestueusement. Fagne, vallées profondément entaillées, cascades, gorges et rivières, étangs à truites et à eaux claires constituent les richesses situées sur la pente ouest de la Forêt Noire du Nord, là où les villes de Baden-Baden, Offenburg et de Freudenstadt forment triangle. La «Goldene Au» fait partie d'Ortenau.

Die BADISCHE WEINSTRASSE nahe Offenburg

Weinkenner schätzen die Weine, die von der Ortenau (zwischen Baden-Baden und dem Kinzigtal) und vom Kaiserstuhl kommen. In der Ortenau gedeihen auf den verwitterten Böden des Urgesteins beste Weißweine sowie ein vortrefflicher Spätburgunder. Die Weine vom Kaiserstuhl sind glutvoll und vollblumig.

Wines from the Ortenau region (between Baden-Baden and the Kinzig valley) and from the Kaiserstuhl are highly regarded by connoisseurs. The weathered surface of the primary rock provides ideal conditions for excellent white wine and a superb Spaetburgunder. The wines from the Kaiserstuhl are fiery and full-bodied.

Les connaisseurs en vins apprécient les vins provenant d'Ortenau (entre Baden-Baden et la vallée de Kinzig) et de Kaiserstuhl. C'est à Ortenau, sur les sols érodés des roches primitives que sont produits les meilleurs vins blancs ainsi qu'un pinot noir tardif de Bourgogne délectable. Les vins de Kaiserstuhl sont pleins de corps et pleinement bouquetés.

GENGENBACH in der Weinlandschaft der Ortenau

Als „Rothenburg der Ortenau" wird Gengenbach wegen des unverfälschten historischen Stadtbildes häufig bezeichnet. Zwei Tore führen in die Stadt, deren Straßen von stattlichen Fachwerkhäusern gesäumt werden. In vielen Innenhöfen locken Weinlokale und Winzerstuben zur Einkehr. Der Wappenträger auf dem Marktbrunnen symbolisiert die Reichsunmittelbarkeit der Freien Reichsstadt. Das Schloss Ortenberg, welches der Landschaft den Namen gab wurde im 19. Jahrhundert wieder in neugotischen Stil aufgebaut.

Gengenbach is often referred to as the "Rothenburg of the Ortenau region" on account of its cohesively historic townscape. Two gates give access to the town, whose streets are lined by splendid timbered buildings. Wine taverns tucked away in the courtyards are a special attraction. The shield-bearer on the market fountain symbolises the independent status of this former free Imperial city. Schloss Ortenberg, from which the word Ortenau derives, was restored in neo-Gothic style in the 19th century.

La localité de Gengenbach possède un grand passé puisqu'elle fut ville libre d'Empire. Elle a conservé une partie de son enceinte et deux portes qui conduisent dans la ville aux rues bordées de maisons à colombages. Dans de nombreuses cours intérieures, des auberges invitent à déguster les vins du terroir. La physionomie historico-romantique de la ville, très authentique, avec ses deux tours portes des 13 et 14e siècles. Le château d'Ortenberg qui a donné son nom à l'endroit et a été restauré en style nouveau gothique au 19e siècles dernier.

GENGENBACH, Abteikirche St. Marien / Abbey Church / abbatiale

Der Komplex der ehemaligen Benediktiner-Abtei (8. Jh.) in Gengenbach liegt in der Stadtmitte, ihr Turm ist Wahrzeichen und Kirche der Stadt. Die Pfarrkirche St. Marien, eine ehemalige Abteikirche, ist eine der wenigen erhaltenen romanischen Kirchen in dieser Region. Die Ausmalung entstand allerdings erst um 1900.

The former Benedictine Abbey complex in Gengenbach (8th century) is right in the town centre, the building is now the town's church, the tower its chief landmark. The parish church of St Mary, a former abbey church, is one of the few Romanesque churches still remaining in this region. The painting, however, only dates back to 1900.

Le complexe de l'ancienne abbaye bénédictine (8ème siècle) de Gengenbach est situé dans le centre ville dont le clocher est le symbole de l'église de la ville. L'église paroissiale Sainte-Marie, qui faisait partie d'une abbaye, est une des rares églises romanes conservées de la région. Ses fresques toutefois n'ont été peintes que vers 1900.

GOLDSTADT PFORZHEIM — NORDSCHWARZWALD — NAGOLD

Pforzheim ist die Pforte zum Nordschwarzwald und der Beginn der „Schwarzwald-Bäder-Straße". Die Stadt ist traditionell ein Zentrum für die Goldschmuckproduktion und liefert in alle Welt. – Der Schlossberg ist der zentrale Ausgangspunkt von Nagold. Sagenumwoben und geschichtsträchtig stellt sich die imposante Burgruine dar. Nagold, eine lebendige Stadt mit malerischen Fachwerkhäusern, Sehenswürdigkeiten und der Gastlichkeit, die bereits Kaiser und Könige schätzten, eingebettet in eine reizvoll ursprüngliche Landschaft.

Pforzheim is the gateway to the northern part of the Black Forest and the start of the Black Forest Spa Route. The town has a long tradition as a goldsmiths' centre, its jewellery is exported all over the world. – The castle hill is the focal point of Nagold. The impressive ruined castle is steeped in legend and history. Nagold is a lively little town in the midst of attractively, unspoilt countryside with picturesque timbered houses, various sights and a hospitality held in high regard by emperors and kings of times gone by.

C'est à Pforzheim que l'on accède à la Forêt Noire du Nord et débute la «route badinoise de la Forêt Noire». Cette ville «d'or» est le centre traditionnel de fabrication d'orfèvrerie exportée dans le monde entier. – Nagold est dominée par une montagne couronnée d'un imposant château en ruine auquel se rattachent une histoire mouvementée et nombre de légendes. Située à 400 m d'altitude, au coeur d'une nature magnifique, Nagold est une petite ville très agréable qu'appréciaient déjà les empereurs et rois allemands.

ALTENSTEIG im Nagoldtal — FREUDENSTADT

In Stufen steigt Altensteigs Altstadt mit ihren schmucken Giebelhäusern von der Nagold den Hang hinauf. Oben erheben sich die Pfarrkirche von 1755 mit hübscher Rokokoeinrichtung und das turmähnliche Alte Schloss mit massivem Fundament sowie den Fachwerkaufbauten aus dem 13. Jh., es beherbergt das Heimatmuseum. – Am Schnittpunkt von Schwarzwald-Bäderstraße, Schwarzwald-Tälerstraße und Schwarzwald-Hochstraße liegt Freudenstadt, 1599 nach dem Vorbild italienischer Renaissancestädte gegründet.

The pretty gabled buildings of Altensteig's Old Town are grouped together on the slopes above the Nagold. The parish church of 1755 with its pretty rococo interior and the 13th century, tower-like Old Castle with its massive foundations and timbered superstructure rise up above. The latter houses the Museum of Local History with some interesting exhibits. – Freudenstadt stands where three Black Forest Highways cross: the Spa Route, the Valley Route and the Ridgeway. Freudenstadt was founded in 1599, its grid plan modelled on Italian Renaissance towns.

Les jolies maisons à pignons de la Vieille-Ville d'Altensteig gravissent par paliers les versants de la Nagold. En haut, dominent l'église paroissiale de 1755, à l'intérieur rococo, et le Vieux-Château du XIIIe siècle, aux fondations massives et au revêtement à colombages. Le château abrite le musée municipal. – Freudenstadt fondée en 1599 sur le modèle des villes italiennes de la Renaissance, est située au point de rencontre de trois routes de la Forêt-Noire: La Schwarzwald-Tälerstrasse, la Schwarzwald-Hochstrasse et la Schwarzwald-Bäderstrasse.

KINZIGTAL

Das Kinzigtal ist Ausdruck der Romantik: verwinkelte Gassen, malerische Winkel, idyllische Plätze mit Fachwerkhäusern wohin das Auge blickt. Die eleganten Jungendstilfassaden und klaren Linien der klassizistischen Bauten geben der Komposition des Ortes eine unvergleichliche Ausstrahlung. Allerdings kann das Kinzigtal auch mit den modernen Ansprüchen mithalten. Mit einem umfangreichen Angebot an Freizeitgestaltung, vom Wandern angefangen bis zum Drachenfliegen und Golfen oder Inlineskaten, wird aktiven Urlaubern so einiges geboten.

Kinzigtal is the image of pure Romanticism, with its narrow windinglanes, picturesque corners and idyllic squares with half-timberedhouses wherever you look. The elegant Art Nouveau facades and clear lines of the neo-classical buildings make the townscape extraordinarily attractive for visitors. Nonetheless, Kinzigtal haskept pace with the modern world. There is an extensive range ofleisure activities available for activity holidays, everything from hang gliding and golf to inline skating.

Kinzigtal est la ville romantique par excellence : ruelles tortueuses, places idylliques bordées de pittoresques maisons à pans de bois dans le vieux quartier médiéval ; façades élégantes de style art nouveau et édifices aux lignes néoclassiques évoquant la Belle Époque. Ce mélange illustrant des siècles d'histoire confère à Kinzigtal une atmosphère incomparable. Kinzigtal est aussi le nom de la vallée qui abrite la ville. Une contrée touristique proposant tous les loisirs de l'âge moderne, depuis les randonnées sur chemins balisés, au delta-plane, circuits de skateboard, jusqu'à de superbes terrains de golf.

◁ **Wasserfall bei Bad Rippoldsau**
Waterfall near Bad Rippoldsau
Cascade près de Bad Rippoldsau

Vom Gutachtal nach Triberg

Bauernhof im GUTACHTAL — Schwarzwälderinnen mit dem "Schäppel", der Jungfrauenkrone

In einem Freilichtmuseum rings um den Gutach Vogtsbauernhof aus dem Jahr 1570 erwartet Sie eine ganz besondere Attraktion. Schwarzwälder Bauernhöfe aus dem 15. und 16. Jahrhundert wurden hier fachgerecht und im Originalzustand wieder aufgebaut. – An Feiertagen tragen Frauen die Gutacher Tracht, den Bollenhut oder den Schäppel aus bunten Perlen der heimischen Werkstätten.

In the valley of the Gutach stands the Vogtsbauernhof, a thatched farmhouse dating from 1570, now the centre of an open-air museum. A number of traditional houses have been moved here from various areas of the Black Forest and display authentic furnishings and the tools of time-honoured local trades. – On holidays and special occasions the women of Gutach wear their traditional dress with a Bollenhut, the distinctive pom-pom hat, or a Schaeppel, a headdress decorated with pearls and sequins.

La ferme dite Vogtsbauernhof, construite en 1570 dans la vallée de la Gutach, est le point central d'un musée en plein air regroupant plusieurs types d'habitations de la région datant des 15 et 16e siècles que l'on a démontées et fidèlement reconstruites. Les jours de fêtes, les femmes portent le costume traditionnel de la vallée de la Gutach avec le «Bollenhut», coiffe à pompons ou le «Schaeppel», sorte de couronne en perles multicolores.

Dieser Hof des Vogtsbauern steht seit 1570 unverändert bei Hausach im Gutachtal. Mit seiner Originaleinrichtung ist er zum Zentrum des Freilichtmuseums „Vogtsbauernhof" geworden. – Hier und in vielen anderen Tälern der Umgebung, besonders in den Tälern der Gutach, Wolfach und Kinzig, kann man die charakteristischen Schwarzwaldhäuser noch besonders häufig antreffen. Grundsätzlich handelt es sich beim Schwarzwaldhaus um einen Eindachhof.

The farm of Vogtsbauernhof has stood unchanged in the Gutachtal near Hausach for over 400 years. Along with its original contents, it has now become the centre of the Vogtsbauernhof open-air museum, where various types of Black Forest farms and houses are on show with authentic furnishings. The typical Black Forest houses are common in this central region, especially in the valleys of Gutach, Wolfach and Kinzig. Basically, the houses are designed to accommodate people, animals and fodder all under one vast roof.

La ferme dite Vogtsbauernhof, inchangée depuis 1570, est située près d'Hausach dans la vallée de la Gutach. Avec ses aménagements d'origine, elle est devenue le point central d'un musée en plein air où ont également été recréés différents types d'habitations et de fermes de la région. Là et dans de nombreuses vallées des alentours, surtout dans celles de la Gutach, de la Wolfach et de la Kinzig, on peut encore voir de multiples demeures caractéristiques de la Forêt-Noire.

GUTACHTAL — TRIBERG

Wohnung, Ställe und Scheune sind unter einem großen Dach vereint. Auf den Höhen des Hochschwarzwaldes entstand der Typ des Heidenhauses, bei dem die Walmdächer rundum fast bis zum Boden gegen die raue Witterung abschirmen. – Tradition und althergebrachte Handwerkskunst wird in Triberg sehr gepflegt. Im Heimatmuseum kann neben Trachten Spieluhren, Glashüttenerzeugnissen auch ein nachgebildeter Bergwerkstollen besichtigt werden, sowie ein Modell der Schwarzwaldbahn.

GUTACHTAL — TRIBERG

The 'moorland house' occurs into the windswept heights of the Black Forest. It is characterised by a hipped roof, whose eaves almost touch the ground, shielding the inhabitants from wind and weather. – Traditional customs and time-honoured handicrafts are highly valued in Triberg. In the local history museum, visitors can admire traditional local costumes, musical boxes, hand-blown glassware and areconstructed mine shaft, as well as a diorama of the Black Forest Railway.

GUTACHTAL — TRIBERG

Une habitation typique est une ferme regroupant logement, étable et grange sous un seul toit. Sur les hauteurs de le montagne, se trouvent ces maisons au toit en croupe descendant jusqu'au sol qui protégeait les habitants des rigueurs climatiques. – Jusqu'à aujourd'hui, Triberg cultive ses traditions et ses arts artisanaux anciens. Au musée régional, le « Heimatmuseum », on peut admirer des costumes folkloriques, des boîtes à musique, des verreries, la maquette d'une mine et celle du célèbre chemin de fer de la Forêt-Noire (Schwarzwaldbahn).

Fünftälerstadt SCHRAMBERG

Durch ein stetiges Rauschen kündigen sich Deutschlands höchste Wasserfälle am Stadtrand von Triberg an. Tosend stürzt das Wasser der Gutach 163 Meter in die Tiefe. Ein Besuch der Fälle lohnt sich mehrfach, denn beim Bestaunen des grandiosen Naturschauspiels atmet man gleichzeitig die ionisierte Luft ein, besonders heilsam bei Erkältungs- und Asthmaerkrankungen. – „Fünftälerstadt" nennt sich Schramberg, gelegen inmitten von fünf landschaftlich schönen Tälern, deren Höhen drei Burgruinen krönen. Eine typische Stadtgründung der mächtigen Zähringer Grafen.

A steady rumbling sound on the outskirts of the town of Triberg mark the nearby presence of Germany's highest waterfalls. The waters of the Gutach plunge down a crashing drop of 163 metres. A visit to the falls can be recommended for more than one reason, for while you marvel at the magnificent natural spectacle, you breathe in ionized air, especially conducive to the treatment of asthma and bronchial conditions. – Schramberg stands at the meeting point of five pleasant valleys, while the hills around are topped by three ruined castles.

La plus haute chute d'eau d'Allemagne gronde et bouillonne en bordure de Triberg. Les eaux de la Gutach se précipitent d'une hauteur de 163 mètres en sept paliers. La cascade de Triberg est un lieu d'excursion très apprécié, non seulement pour admirer le magnifique spectacle naturel, mais aussi pour y respirer l'air salubre dont les vertus thérapeutiques soignent notamment les affections respiratoires et l'asthme. – «La ville aux cinq vallées» se surnomme Schramberg situées en effet à l'intersection de cinq vallées verdoyantes dont les hauteurs boisées sont couronnées de trois châteaux en ruine.

TRIBERGER WASSERFALL

VILLINGEN-SCHWENNINGEN, Altes Pfarrhaus

Im Stadtbild von Villingen-Schwenningen findet man Tore, Klosterbauten, Bürgerhäuser, Brunnen und mittelalterliche Stadtmauern. Die alte Uhrenindustrie und die historische Fasnet (Fastnacht) sind auch hier nach wie vor lebendig. – Am frühen Fasnachtsmorgen, wenn es noch dunkel ist, ziehen die Rottweiler Narren los zum Narrensprung am Schwarzen Tor. Ein großes Aufgebot an Masken und Hexen und ohrenbetäubendem Krach mit Rasseln, Schellen und Peitschen: Im Schwarzwald hat sich die alemannische Fasnacht in ihrer urtümlichen Form erhalten.

Villingen-Schwenningen has old town gates, monastery buildings, burgher houses, fountains and medieval town walls. The old watch-making industry and historical Shrovetide are still very much alive and kicking. – It is a short trip from Villingen to Rottweil, where in the early hours of Shrove Tuesday the Rottweil fools sets off to the parade. Its participants capering through the streets in an extraordinary variety of outlandish masks and strange costumes to a deafening accompaniment of rattles, bells and whips. In the Black Forest Carnival is known as Fasnacht.

Parmi les curiosités qu'offre Villingen-Schwenningen, on y trouve des portails, des abbayes, des maisons bourgeoises, des fontaines ainsi que les remparts de la ville datant du Moyen Age. L'ancienne industrie de l'horlogerie ainsi que le carnaval existent toujours. – Le jour de Carnaval, quand il fait encore nuit, des centaines de fous et de sorcières prennent possession de la ville de Rottweil. Ils défilent dans un vacarme assourdissant de sifflets, de crénelles et de bruits de chaînes. Le carnaval alemanique a conservé ses formes traditionnelles en Forêt-Noire.

Rottweiler Narrensprung

FURTWANGEN, Uhrenmuseum

Irgendwo im Umkreis von Furtwangen oder Triberg stand die Wiege der Schwarzwälder Uhr. Vermutlich wurde um 1640 von Glasträgern eine mechanische Uhr aus Böhmen in den Schwarzwald gebracht und von einem Tüftler mit holzgefertigten Rädern nachgebaut. Eine bis heute blühende Uhrenindustrie entstand in Furtwangen, wo auch das deutsche Uhrenmuseum eingerichtet wurde. Es enthält die größte historische Uhrensammlung Deutschlands mit über tausend Exponaten und gibt einen Überblick über die Entwicklung der Uhrmacherei.

FURTWANGEN, Clock Museum

The birthplace of the traditional Black Forest clock lies somewhere near Furtwangen or Triberg. In about 1640, glass pedlars introduced a mechanical clock from Bohemia to the Black Forest, whereupon some ingenious local craftsman made a copy in wood. So the thriving clock industry of Furtwangen was born and is still going strong. In Furtwangen there can also be found the German Clock Museum, which contains the largest collection of historical clocks in Germany. Over 1,000 exhibits give a comprehensive survey of the whole history of clockmaking.

FURTWANGEN, Musée de l'horlogerie

La pendule de la Forêt-Noire a son berceau dans les environs de Furtwangen ou de Triberg. Vers 1640, une horloge mécanique aurait été apportée dans la région par des verriers de Bohème. Un bricoleur en construisit un modèle qu'il munit de roues en bois. Ainsi une industrie de l'horlogerie florissante naquit à Furtwangen. La ville abrite aussi le musée de l'horlogerie où l'on peut se documenter sur le développement de l'industrie horlogère et admirer la plus grande collection historique de pendules en Allemagne constituée de plus de mille exemplaires.

HEXENLOCHMÜHLE an der Wildgutach im Schluchtwald

„Es steht eine Mühle im Schwarzwälder Tal" – dieses alte Volkslied wird lebendig im Angesicht der Hexenlochmühle zwischen Furtwangen und St. Märgen. Die Höhenunterschiede mit Wasserfällen und Bachläufen bewogen die Schwarzwälder schon sehr früh, die Wasserkraft vor allem zur Holzverarbeitung auszunutzen. Noch immer drehen sich Mühlräder im Schwarzwald – zur Stromgewinnung oder zum direkten Einsatz der Wasserkraft für Säge- oder Hammerwerke. Strom vom Netz wird oft nur als zusätzliche Energiequelle eingesetzt.

"There stands a mill in a Black Forest dale" – these words from an old German folk song could well describe Hexenlochmuehle, between Furtwangen and St Maergen. In the steep Black Forest valleys almost every stream has a waterfall, and settlers, especially the woodsmen, exploited water power from the earliest times. The millwheels still turn in the Black Forest, supplying electricity or turning the machinery of saws and hammers. Electricity from the mains is often used merely as an auxiliary supply.

«Un moulin se dresse dans la vallée de la Forêt-Noire», raconte une vieille chanson populaire. Ce moulin pourrait être le Hexenlochmuehle situé entre Furtwangen et St. Maergen. Les différences de hauteur, les vallées et les ravins où presque tous les ruisseaux deviennent cascades ont très tôt incité les hommes à utiliser l'énergie hydraulique dans l'industrie du bois. Les roues des moulins tournent toujours en Forêt-Noire, soit pour obtenir du courant, soit pour diriger directement l'énergie hydraulique vers les martelleries et les scieries.

ABTEI ST. PETER, Klosterbibliothek (1727) / Monastery Library (1727) / Bibliothèque de l'abbaye (1727)

Ein Glanzpunkt der im Jahre 1093 gegründeten Benediktinerabtei St. Peter ist die Bibliothek, die das Foto zeigt. In ihren eleganten Formen schon ins Rokoko übergehend, besticht sie durch den geschwungenen Grundriss, die feinen Stuckaturen, die mit Figuren von Matthias Faller geschmückte, mehrfach geschwungene Galerie und das hohe Gewölbe. Fantastische Deckengemälde von Benedikt Gambs bilden den Abschluss. 1806 wurde das Kloster aufgelöst und diente in den folgenden Jahrzehnten unterschiedlichen Zwecken.

The most outstanding feature of St Peter, indeed of a whole era of architecture, is the library seen in the photograpy. In its elegant form it moves from Baroque into Rococo: We need only consider the curved shape of the ground plan, the fine stucco work, the undulating lines of the gallery balustrade adorned with pedestalled figures by Matthias Faller and the high domed ceiling with grandiose paintings by Benedikt Gambs. The monastery was dissolved in 1806 and used for sundry purposes until it was finally rescued and carefully restored.

Un des joyaux de l'abbaye St. Pierre est la bibliothèque aux proportions admirables que montre la photographie. Son élégance se révèle dans les stucs décorés de figures du sculpteur Matthias Faller, dans sa galerie aux arcs délicats et dans ses hautes voûtes élancées. Le plafond est orné de peintures fabuleuses de l'artiste Benedikt Gambs. La congrégation monacale se dissolva en 1806. Durant des dizaines d'années, l'abbaye servit à des fins différentes avant d'être restaurée dans toute sa splendeur.

WALDKIRCH — EMMENDINGEN

Waldkirch, das Zentrum des Dreh- und Jahrmarktorgelbaus, wo wertvolle Exponate im Elztalmuseum zu besichtigen sind. Schon 918 stand hier das Frauenkloster St. Margaretha. Noch heute thront die Ruine Kastelburg über der Stadt, erbaut von den Herren von Schwarzenberg im 13. Jahrhundert– Am Eingang des Elztales liegt Emmendingen. Spazieren Sie vom Marktplatz durch die Fußgängerzone zum sehenswerten Markgrafenschloss aus dem 15. Jahrhundert, heute ein Heimatmuseum. Am Museumsbahnhof nehmen Sie den „Nostalgie-Zug" zum weinseligen Kaiserstuhl.

WALDKIRCH — EMMENDINGEN

Waldkirch is the centre of the fairground and barrel organ industry. Valuable exhibits can be viewed in the Elz valley museum. The nunnery of St Margaretha was established here as long ago as 918. The ruins of Kastelburg Castle, built by the Lords of Schwarzenberg in the 13th century, still tower up above the town. – At one end of the Elz valley, stands Emmendingen. It is a short walk from the market place to the charming Margrave´s residence, built in Renaissance style and now a local history museum. Within easy reach of Emmendingen are the famous vineyards of the volcanic area known as the Kaiserstuhl.

WALDKIRCH — EMMENDINGEN

Waldkirch est un centre connu de fabrication d'orgues, dont on peut admirer de très belles pièces au musée «Elztalmuseum». Dès 918, un couvent de religieuses, St. Margaretha, se dressait à cet endroit. Dominant la ville, le château en ruine de Kastelburg fut bâti par les seigneurs de Schwarzenberg au 13e siècle. – Emmendingen s'étend à l'entrée de la vallée dite Elztal. Flânons depuis le Marktplatz (place du marché) le long de la zone piétonnière nouvellement aménagée jusqu'au château des margraves construit au 15e siècle, aujourd'hui transformé en musée régional.

FREIBURG, Blick auf die Stadt / view to the city / Vue vers la ville

Freiburg liegt in einer Einbuchtung der Rheinebene in den Schwarzwald, der Freiburger Bucht, in der ein ausgesprochen mildes Klima herrscht. Die Gegensätze zwischen den nahen Schwarzwaldhöhen und den oft südlichen Temperaturen machten Freiburg seit seiner Gründung durch die Zähringer Grafen um 1120 sehr anziehend. Schon rasch wurde es zur Hauptstadt des Breisgaus. Von 1368 bis 1805 gehörte Freiburg zu Österreich. Charakteristisch sind die offenen Wasserläufe, die „Bächle", durch die klares Wasser aus dem Schwarzwald durch die Stadt plätschert.

Near the Rhine, in a sheltered valley that cuts into the edge of the Black Forest, stands Freiburg, a town that enjoys an exceptionally mild climate. Ever since its foundation by the Zaehringer family in about 1120, Freiburg has always offered a pleasant contrast to the harsh windswept heights of the nearby mountains. It fast won importance as the capital of the Breisgau area, though it fell to Austria from 1368 to 1805. A feature of Freiburg is the number of clear streams which swirl down from the hills to course alongside the streets of the Old Town.

Fribourg s'etend dans une anfractuosité de la plaine rhénane dans la Forêt-Noire et jouit d'un climat exceptionnellement tempéré. La différence entre ses températures douces d'avec celles rigoureuses des hauteurs proches de la Forêt-Noire fait de Fribourg une ville très appréciée et cela depuis sa création par les Zaehringer vers 1120. Elle devint bien vite la capitale du Breisgau et appartint à l'Autriche de 1368 à 1805. Une de ses caractéristiques sont les petits ruisseaux d'eau claire de la Forêt-Noire qui courent le long de rues.

FREIBURG, Gotisches Kaufhaus

Als „schönsten Turm der Christenheit" wurde er bezeichnet, das Münster Unserer Lieben Frau. 116 Meter misst der Turm, mächtig und erhaben, wie auch Filigran zugleich. Die Stadt zwischen Weingärten und Tannenwäldern bietet darüberhinaus Kleinode der Architektur, das Schwabentor etwa, das liebvoll restaurierte Gerberviertel, das gotische Kaufhaus (16. Jh.) mit den prächtigen Erkern, das Kornhaus und die Hauptwache (18. Jh.) und vieles mehr. Unvergleichlich ist die Athmosphäre einer alten Stadt voll jungem Leben.

FREIBURG, Gothic Merchant's House

The „finest tower in Christendom" was Freiburg's Minister of Our Lady once described. The magnificent soaring spire is 380 ft. high, a migthy yet delicate structure. The century of Freiburg has any number of architectural treasures, linke the Schwabentor Gateway, the meticulously restored Gerberviertel, or tanner's quarter, and the Gothic Merchant's House (16th) with fine oriel windows, the Granary House and the main police station (18th). This ancient town has a character all its own; it keeps young.

FRIBOURG, le Kaufhaus gothique

Au 19e siècle, l'historien Jacob Burkhradt décrivait le Münster «Unserer Lieben Frau» comme «la plus belle tour de la cathédrale, haute de 116 mètres, paraît en même temps aussi délicate qu'un ouvrage de filigrane. Elle est aussi parée de magnifiques joyaux architecturaux dont le Schwabentor, une tour-porte médiévale, le Kaufhaus gothic 16e avec un gable majestueux et le quartier des tanneurs admirablement restauré. Incomparable est l'atmosphère d'une cité ancienne remplie d'une vie dynamique. Une ville de culture, de musique, de fêtes, de cafés et de restaurants agréables.

HÖLLENTAL   Hirschsprung ▷

Vor 60 bis 70 Millionen Jahren gestaltete ein Naturereignis die Gegend von Schwarzwald und Vogesen völlig neu: Der Rheingraben brach ein und das Land driftete auseinander. Auch eiszeitliche Einflüsse wirkten an der bizarren und romantischen Gestaltung des Höllentals mit. – Der Hirschsprung verdankt seinen Namen einer Sage: Stundenlang verfolgte ein Ritter bei der Jagd einen stattlichen Hirsch, bis sich dieser völlig erschöpft mit einem letzten kühnen 30 m weiten Sprung über den Rotbach, an der engsten Stelle des Höllentals, rettete.

Between 60 and 70 million years ago, the area of the Black Forest and the Vosges was transformed by a unique natural phenomeno: The Rhine valley collapsed and sections of the earth's surface drifted apart, events of the Ice Age also helped to create the bizarre, romantic shapes of the Hoellental. – The so-called Stag's Leap takes its name from a legend: During a hunting expedition, a knight pursued a magnificent stag for hours until, almost exhausted, it saved itself with a last bold leap of no less than 30 metres across the narrowest part of the Hoellental.

Il y a quelque 60 à 70 millions d'années, un phénomène naturel transforma totalement la région de la Forêt-Noire et des Vosges quand le Rhin sépara en deux parties l' étendue montagneuse. Les influences glaciaires ont aussi façonné la vallée sauvage et romantique du Hoellental. – Le Hirschsprung (saut du cerf) doit son nom à une légende: un chevalier qui chassait aurait poursuivi un cerf des heures durant, jusqu'à ce que l'animal arrive, complètement épuisé, à la partie la plus étroite du Hoellental, et parvienne à s'échapper en faisant un bond gigantesque de plus de 30 mètres.

◁ **Ravennaschlucht**
Ravenna Gorge
La gorge de Ravenna

HINTERZARTEN am Titisee — HOCHSCHWARZWALD — TITISEE

Aus dem einstmals einsamen Ort Hinterzarten oberhalb des Höllentals, wurde seit der Eröffnung der Höllentalbahn 1887 einer der renommiertesten Kurorte des ganzen Schwarzwaldes – im Sommer wie im Winter. Der Titisee fügt sich harmonisch in die waldreiche Landschaft am Fuße des Feldberges ein und ist das am stärksten besuchte Touristenzentrum im Schwarzwald. Er ist der größte Natursee des Schwarzwaldes. Um 1930 wurde der Schluchsee zum größten Gewässer im Schwarzwald aufgestaut.

Hinterzarten, once an isolated place up above the Hoellental, has grown into one of the most renowned spas in the whole of the Black Forest since the railway line was opened in 1887. It is popular all the year round. Lake Titisee moulds harmoniously into the densely forested countryside round the foot of the Feldberg, and is the busiest tourist centre in the Black Forest. Lake Titisee is the largest natural lake in the Black Forest. After 1930 a dam created Lake Schluchsee, the largest stretch of water in the Black Forest.

Jadis coquette villégiature d'altitude assez tranquille, Hinterzarten, séparant le Hoellental du Titisee, est devenue depuis l'ouverture de la voie ferrée en 1887, l'une des plus célèbres stations thermales de toute la Forêt Noire, en été comme en hiver. Le Titisee, remarquablement implanté dans le paysage boisé au pied du Feldberg, est l'un des centres touristiques les plus visités de la Forêt Noire. Le Titisee est le plus grand lac naturel de la Forêt Noire. Vers 1930, le plan d'eau du Schluchsee a été relevé par un barrage, devenu l'un des plus vastes lacs de la Forêt Noire.

Blick zum Feldberg / View to the Feldberg / Vue vers le Feldberg

Auf dem klimatisch alpinen Feldberg, der höchsten Erhebung des Gebirges, gedeihen seltene Alpenpflanzen. "Die Augen des Schwarzwaldes" nennt man die fast kreisrunden Karseen, die durch Gletschertobel entstanden sind. Einer davon ist der romantische Feldsee unterhalb einer Steilwand am Feldbergmassiv, nur für Wanderer erreichbar. Vor dem 1494 Meter hohen Feldbergmassiv mit seinem flachen lang gezogenen Rücken, verschwimmen die anderen Höhen des Schwarzwalds und die Vogesen wie Wellen im Abendlicht.

The Feldberg is the highest mountain in the Black Forest and rare alpine plants flourish on its heights. The Feldsee (right) is a corrie lake, a remnant of the ice age. It lies under a steep cliff face on the Feldberg and is accessible only on foot. The circular corries are known as "the dark eyes of the Black Forest". From the long level ridge on the 4,900 ft. high Feldberg, the misty ridges of the Black Forest and the distant Vosges look like great rolling waves at dusk.

Contemplées depuis la longue crête platé du massif du Feldberg haut de 1494 mètres, les montagnes des Vosges et de la Forêt-Noire s'estompent comme des vagues dans la lumière du crépuscule. Des espèces rares de plantes alpines croissent sur les versants du Feldberg, la plus haute montagne de la région. «Les yeux sombres de la Forêt-Noire»: c'est ainsi qu'on appelle les lacs glaciaires dont le Feldsee est un bel exemple. Ce lac romantique, situé sous un versant escarpé du Feldberg, n'est accessible qu'aux randonneurs.

FELDSEE am Feldberg

ALTGLASHÜTTEN im Feldberggebiet im Hochschwarzwald

Die Gemeinde, die den Namen „Feldberg" trägt, wurde im Laufe der Zeit kunstvoll aus mehreren einst eigenständigen Dörfern zusammengefügt. Vier Dörfer sind es, die bei Kennern immer noch ihren eigenen guten Namen haben: Altglashütten und Neuglashütten, Bärental und Falkau. Immerhin haben die Orte, alle zusammen, einiges zu bieten. Früher war hier die Glasherstellung ein bedeutender Faktor. Und in Altglashütten gibt es (getreu dem historischen Namen) nach wie vor eine Glasbläserei, die man besichtigen kann.

The community that now bears the name Feldberg has been crafted together over the years from several formerly independent villages. Four of them are still known by their old names to the initiated: Altglashuetten and Neuglashuetten, Baerental and Falkau. They have something to show for themselves. Glass blowing was of some significance in the past, and in Altglashuetten, as befits the name, there is still a glass-blowing workshop that is open to visitors.

La commune portant le nom de «Feldberg», véritable joyau artistique, est actuellement un regroupemement de villages jadis autonomes. Quatres villages sont toujours connus par leurs anciens noms: Altglashuetten et de Neuglashuetten, de Baerental et de Falkau. L'ensemble de ces localités offrent néanmoins des attractions. Jadis, la fabricaton du verre était un facteur prénominant. Et à Altglashuetten (voir le nom historique), il existe toujours un atelier de verrerie que l'on peut visiter.

SCHLUCHSEE im Feldberggebiet / in the Feldberg area / dans la région du Feldberg

Der größte See des Schwarzwalds war ursprünglich viel kleiner: Der Schluchsee wurde Mitte des 20. Jh. durch eine Staumauer auf sieben Quadratkilometer Fläche vergrößert. Wie die drei anderen Seen im Feldberggebiet – der Titisee, der romantische Feldsee unterhalb des Feldbergmassivs und der kleinen Windgfällweiher – ist auch der Schluchsee durch Gletschereinwirkungen entstanden. Beim Rückzug der Eismassen wurden die von den Feldberggletschern ausgehobelten Täler durch Moränenschutt abgeriegelt, so dass die heutigen Seen entstanden.

Fifty years ago the Schluchsee was dammed to form a reservoir, and thus became the largest lake in the Black Forest, with an area of 2,7 sqaure miles. Like the other three lakes in the Feldberg area – the Titisee, the Feldsee below the Feldberg mountain, and the little Windgfaellweiher – the Schluchsee was created by glacial action. When the masses of ice finally retreated, the debris carried along by the glaciers blocked the scoured-out valleys with moraines and thus created lakes.

Tout comme les trois autres lacs de la région du Feldberg – le Titisee, le romantique Feldsee situé sous le Massif du Feldberg et le petit Windgfaellweiher, le Schluchsee est une formation due aux mouvements des glaciers. Ces lacs furent créés lors du recul des masses de glace, quand les vallées creusées par les glaciers du Feldberg reçurent une ceinture de débris de moraines. Un mur-barrage a élevé le Schluchsee de 30 mètres environ et l'a allongé de plusieurs kilomètres.

HEIMATMUSEUM „HÜSLI" in Grafenhausen / Folk museum / Musée régional

Das Schwarzwald-Museumshaus „Hüsli" bei Grafenhausen ist erst 1912 erbaut worden und wurde von der Besitzerin, der Berliner Kammersängerin Helene Siegfried, mit Gegenständen Schwarzwälder Volkskunst und des Alltags wie Schnitzerein, Glaskunstwerken, alten Uhren, Kochgeräten und Steingut eingerichtet. Das „Hüsli" wurde durch die Fernsehserie „Schwarzwaldklinik" weltweit bekannt.

Huesli near Greifenhausen was only built in 1912. The owner, the Berlin Kammersaengerin Helene Siegfried, decorated it with local Black Forest folk art objects, carvings, artistic glassware, old clocks, cooking utensils and stoneware. The Huesli became famous through the extremely popular soap-opera series "Schwarzwaldklinik".

«Hüsli», situé près de Grafenhausen, fut construit seulement en 1912. Sa propriétaire berlinoise, la cantatrice Hélène Siegfried l'a aménagé avec des objets de l'art traditionnel en Forêt Noire: sculptures sur bois, verrerie, anciennes horloges, ustensiles de cuisine et céramique. L'«Hüsli» est devenu célèbre dans le monde entier grâce au feuilleton télévisé la «Schwarzwaldklinik».

ST. BLASIEN, Klosterkirche / Monastery church / Eglise du Cloître

Nach dem Petersdom in Rom und dem Invalidendom in Paris besitzt St. Blasien die drittgrößte Kuppel Europas. Sie ist 35 Meter hoch und wird von 20 korinthischen Säulen getragen. Nach dem Vorbild in Rom wurde sie 1768-1783 erbaut und 1913 grundlegend erneuert. Das Benediktinerkloster St. Blasien wurde 870 gegründet und hatte jahrhundertelang eine führende geistige und geistliche Bedeutung im ganzen süddeutschen Raum. Sehenswert ist auch der Kirchenschatz. 1807 wurde das Kloster aufgelöst. Heute befindet sich ein Jesuitenkolleg in den Gebäuden.

St Blasien has the third largest cupola in Europe, after those of St. Peter's Rome and Les Invalides in Paris. Built between 1768 and 1783 and renovated in 1913, St. Blasien's cupola is actually modelled on that of St. Peter's. The cupola was a fairly late addition, for the monastery was founded in 870, and for centuries was a leading religious and intellectual centre of South Germany until its dissolution in 1807. There is now a Jesuit college here and the cathedral treasure is on show to visitors.

Après le dôme de Saint-Pierre à Rome et le dôme des Invalides à Paris, celui de Sankt-Blasien occupe la troisième place en Europe. La coupole de 35 mètres de diamètre, est portée par vingt colonnes corinthiennes. Elle a été construite entre 1768 et 1783 d'après le modèle de Rome et restaurée entièrement en 1913. L'abbaye bénédictine de Sankt-Blasien, fondée en 870, a été durant des siècles, un centre spirituel dominant dans toute la région du Sud de l'Allemagne. A voir également est le trésor dans l'église. Les derniers moines quittèrent le monastère en 1807.

TODTNAU Stübenbach-Wasserfall

Wasser in seinem Element – das zeigt der Todtnauer Wasserfall, ein grandioses Naturereignis. Aus fast 100 Meter Höhe stürzen die schäumenden Wassermassen in die Tiefe. Der serpentinenreiche Fußweg führt weiter nach Todtnauberg – 1021 Meter hoch gelegen. Auf der anderen Seite von Todtnau gibt es einen Sessellift, der hinauf führt zum 1158 m hohen Hasenhorn. Auch hier bietet sich ein Weitblick auf die beiden Schwarzwald-Riesen Belchen und Feldberg.

TODTNAU Stuebenbach falls

Water in its element – that's the Todtnau Waterfall, a magnificent natural phenomenon. The foaming torrent tumbles down almost 100 metres. The windy footpath carries on to Todtnauberg, 1021 metres up. On the other side of Todtnau there is a chairlift up to the top of the Hasenhorn (1158m). From the top there is a panoramic view of the Black Forest's two highest peaks, Belchen and Feldberg.

TODTNAU Cascades de Stuebenbach

L'eau dans son élément, c'est que nous offre la cascade de Todtnau. Un phénomène naturel grandiose. Avec une dénivellation d'ensemble de presque 100 mètres, les masses d'eaux écumeuses se jettent en profondeur. Le chemin sinueux nous conduit au Todtnauberg – situé à une altitude de 1021 mètres. De l'autre côté de Todtnau, un télésiège nous conduit au Hasenhorn accusant une altitude de 1158 m. D'ici, la vue s'étend sur les immenses massifs de la Forêt Noire, le Belchen et le Feldberg.

Der Südschwarzwald

Im Stadtkern von Schönau im Wiesental, des bereits im 12. Jh. genannten Ortes, fällt der Blick auf die als „Münster des Wiesentales" bezeichnete Kirche Mariä Himmelfahrt (1890). Oberhalb von Schönau findet man die alte Wallfahrtskirche Schönenbuchen, die über ein Gnadenbild mit Engeln in Schwarzwälder Tracht verfügt. – St. Märgen liegt auf einem Höhenrücken zwischen Feldberg und Kandel inmitten einer idyllischen Landschaft. Wohl kaum ein anderes Schwarzwalddorf hat ein so beeindruckendes Panorama zu bieten.

In the town centre of Schoenau in the Wiese valley, a place first mentioned as long ago as the 12th century, the visitor's gaze is immediately drawn to the church of the Assumption of the Virgin Mary (1890), known as the Minster of the Wiese valley. Up above Schoenau is the pilgrimage church of Schoenenbuchen, with a miracle-working image of angels wearing Black Forest costume. – St Maergen is situated on a high ridge between Feldberg and Kandel in the midst of some idyllic countryside. There is hardly another Black Forest village that has such a magnificent panorama to offer.

Mentionnée dès le 12e siècle, la localité de Schoenau im Wiesental est dominée par une église imposante construite en 1890 et appelée «la cathédrale du Wiesental» La vieille église de pèlerinage Schoenenbuchen qui se dresse au-dessus de Schoenau, abrite un tableau représentant des anges vêtus de costumes de la Forêt-Noire. – Admirablement située sur une crête rocheuse, St. Maergen s'étend entre Feldberg et Kandel, au coeur d'une nature idyllique. Peu de villages de la Forêt-Noire peuvent offrir un panorama aussi impressionnant.

▽ Schwarzwaldhaus am Turner mit Blick zu den Vogesen

160 Kilometer lang und bis zu 60 Kilometer breit erreicht das südwestdeutsche Gebirge im Hochschwarzwald seine eigenwilligsten Landschaftsformen. Kuppenartige Berge mit freien Gipfeln und bewaldeten Hängen, dazwischen tief eingeschnittene, mitunter unwegsame Schluchten bilden den Landschaftscharakter. Teilweise öffnen sich die Täler aber breit und lieblich, in freundlichem Grün mit blühenden Büschen und Obstbäumen. In den Hochlagen erstrecken sich statt Wiesen Heideflächen – Landschaften zum Wandern und Entdecken.

The high south-western part of the Black Forest, roughly 100 miles long and up to 40 miles across, has the most unusual landscape of the whole region. There are conical mountains with treeless peaks and wooded slopes, between them lie deep-cut and partially inaccessible gorges. Sometimes the visitor will be taken off guard by finding a wide and open valley where there are friendly green meadows with flowering shrubs and blossoming fruit trees. Above the valleys there are extensive stretches of moorland to invite walkers on a tour of discovery.

La Forêt-Noire, chaîne de montagnes au sud-ouest de l'Allemagne fédérale, s'étend sur 160 km de long et en certains endroits sur 60 km de large. Sommets arrondis, escarpements, versants revêtus de forêts denses, vallées profondément encaissées, ravins parfois inaccesibles sont des images typiques de cette région. Elle est pourtant adoucie par de larges vallées plaisantes, par des surfaces verdoyantes avec des vergers et des buissons de fleurs. Dans les hauteurs, des étendues de landes remplacent les pâturages – une région de randonées et découvertes.

Südschwarzwald mit Blick zum BERG „BLAUEN" (1165m) — BAD SÄCKINGEN, Alte Rheinbrücke

Der historische Trompeter von Säckingen ist nicht mehr alleiniger Wächter des „Trompeterschlössle" im Schlosspark. Er hat einen modernen Bruder aus Bronze bekommen, der den Vorplatz hütet. Die schönen alten Häuser von Säckingen umgeben das barocke Münster St. Fridolin, dessen Türme schon von weitem erkennbar sind. Um in die Schweiz zu kommen, braucht man nur über die faszinierende Brücke aus alten Tagen, die längste Holzbrücke Europas, zu gehen. Schon seit 400 Jahren verbindet sie Deutschland mit dem Schweizer Ufer und ist komfortabel überdacht.

The historical trumpeter of Saeckingen is no longer the sole guardian of the "Trompeterschloessle" in the castle park. He has acquired a modern brother, made of bronze, who guards the forecourt. Saeckingen's baroque minster, whose tower can be seen from far and wide, is surrounded by fine old houses. To get into Switzerland, you need only cross the fascinating old bridge – the longest wooden bridge in Europe. It has linked the German and Swiss banks for 400 years now and has a very convenient roof.

Le trompettiste historique de Saeckingen n'est plus l'unique gardien du «Trompeterschloessle» dans le parc du château. Il a eu un frère moderne en bronze qui surveille l'esplanade. Les anciennes et splendides maisons de Saeckingen encadrent le Münster St. Fridolin de style baroque dont on peut apercevoir les tours de bien loin. Pour rejoindre la Suisse, il suffit simplement d'empreinter l'ancien pont fascinant, le pont de bois le plus long d'Europe. Depuis presque quatre siècles, la rive allemande est reliée à la rive suisse et est couverte de façon comfortable.